AF441467

* 9 7 8 9 9 4 8 3 5 7 2 0 9 *

الكاتب: يونس علي جاسم..

أما الاسم الأدبي الذي اشتُهِرَ به فهو: يونس علي الحمداني

- من مواليد 1970. ولد بقرية على أكتاف الزاب الصغير، تابعة لمديمة الدبس - كركوك - العراق.

- خريج المعهد التقني كركوك - قسم المحاسبة.

- يهوى القراءة والسباحة.

مؤلفاته:

◈ رواية ((عطر زهر البراري)) 2013، التي شارك بها ضمن فعاليات (بغداد عاصمة الثقافة العربية). رواية تتحدث عن الغجر في العراق من خلال بطل الرواية الذي يهرب من قافلتهم وهو صبي صغير، حيث تتلقفه الأرياف والصحاري والمدن في رحلة ضياعٍ؛ بحثاً عن الذات وعن الحرية، وعن تاريخ أهله وذويه.

◈ رواية ((تحت جناح الملاك)) 2015. رواية عن الغرائبية أو العجائبية وعن اللامألوف والمدهش، في

سرد يجمع بين الواقع والخيال، ويذيب الفوارق والحدود بين المعقول واللامعقول.. رواية كتبت بأسلوب شعري مكثف وبحوار قصير مختصر يحمل سحره الخاص.

❀ أهم رواياته رواية ((خبز العونية)) 2018. قصة قرية ترمز لكل القرى في العراق التي أكلت من الحبوب المعفرة بالزئبق، الحبوب التي تم توزيعها خريف عام 1971 على الفلاحين تعويضاً عن الجدب الذي أصابهم في مواسم سابقة.

❀ مجموعة شعرية (مغارة الكنز وسر الأربعين قصيدة) عن كتاب بلا حدود/2015.

❀ نشرت له عشرات القصائد في الصحف والمجلات الكركوكية والعراقية.

الإهـــداء

إلى الحُب الأول في حياتي..

تلك المرأة التي زرعت أيامي بالشِّعْر

وجعلتني أهواها رغماً عَنِّي..

وأنا مكبل بالقيود

والفوضى...

يونس علي الحمداني

للقصيدة ظل آخر

AUSTIN MACAULEY PUBLISHERS™

LONDON • CAMBRIDGE • NEW YORK • SHARJAH

الرقم الدولي الموحد للكتاب 9789948357209 (غلاف ورقي)
الرقم الدولي الموحد للكتاب 9789948357186 (كتاب إلكتروني)

رقم الطلب: MC-10-01-9559386
التصنيف العمري: E

تم تصنيف وتحديد الفئة العمرية التي تلائم محتوى الكتب وفقاً لنظام التصنيف العمري الصادر عن المجلس الوطني للإعلام.

الطبعة الأولى (2020)
أوستن ماكولي للنشر م. م. ح
مدينة الشارقة للنشر
صندوق بريد [519201]
الشارقة، الإمارات العربية المتحدة
www.austinmacauley.ae
+971 655 95 202

مقدمة

هذه القصائد التي تحتويها مجموعة (للقصيدة ظل آخر) تمثل كل واحدة منها مرحلة من حياة الشاعر الشخصية، وكذلك تطور تجربته الشعرية، وقد اختارها لتمثل كل قصيدة منها عقداً أو نصف عقد من زمن كتابته للشعر، لكن هذا الاختيار لم يكن عشوائياً وبلا عاطفة وخيال، ففي القصيدة الأولى من المجموعة (الشاعر والكاهن) مثلاً، نرى ظلاً أسوداً يخرج من تحت العمائم التي استولت على منابر الفكر والثقافة، فكانت أبواقها العالية تصادر الإبداع، الحرية، الحب، والحياة المدنية بامتياز، والحرية تجعل المرء يسأل ويشك، ومتى أصبح الإنسان يسأل ويستفسر أصبح اكثر تفتحاً ووعياً. ألم يقل ديكارت:"أنا أفكر إذاً أنا موجود".

نرى الزمن واضحاً وجلياً في هذه القصائد، ونحسُّ بنعومة المكان، والأروع إحساسنا بمعنى آخر وراء المعنى القريب لكل قصيدة، وربما لكل بيت، إذ تمثل الأبيات ومفرداتها تجلياً لظل يخطر في بالنا، أو ظلال صوفية لمعاني

قريبة وبعيدة، خاصة أن أكثر القصائد تمثل مرحلة الشباب والخصوبة، فيها خيال متجدد بحب الناس والجمال والحياة، وبالعمق النابض في صوفية ضامرة أحياناً وبارزة.

يريد الشاعر من خلال هذه المجموعة أن يُثبت أن الشعر ليس هذياً ولا هذراً، بل نبعاً روحياً صافياً وكلاماً معمقاً، الشعر عالم واسع وعميق اختُصِر في قصائد، في أبيات أو عبارات لا يصلح سواها بدلاً عنها، لأن الشعر ليس نثراً يمكن التعبير عن فحواه بعبارات أخرى دون أن يتغير طعمه ولونه ورائحته، ودون أن يتغير ذلك العمق المتزن المحبوك بحرفة الفنان. وبقدر ما تجعلك القصائد في هذا الديوان تفكر مشدوداً بعمقها، فإنها تهز وجدانك وتثير عاطفتك وتنعش روحك. وتبدو محبة الجمال من خلال لمسة خيال ناضجة، وتشظي تلك الفلسفة التي تشع من مفاصل كثير من القصائد، ليتوحد الشعر بالفلسفة في بوتقة الجمال، في صور ترسمها أنامل الشاعر بحسٍّ إبداعي وإنساني.

يونس علي الحمداني

الشاعر و الكاهن (1)

الشاعر:

الخَرزُ والقلائدُ في أعناقِ الكهّان

فلسفةَ الإنسانِ في أخيهِ الإنسان

وعالمُ الرقِ والقيود بلا قضبان

حلمٌ يخامر نعساناً بلا أمان

لم يتلذّذ بعْدُ في أمواجه

هو هوسٌ أو بعض هذيانْ

الكاهن:

نشيدٌ هذا.. أم حكمة عتيقة؟

الشاعر:

نشيدُ أناشيدي إذا ترنمتُ بها

دموعٌ ضاحكة من غير تعبيس

أرتلها ترتيلاً صارخاً وأشدو بها

فهي في قلبي سرٌّ حبيسْ

هي توراتي وقرآني وإنجيلي

بل هي كل غالٍ ونفيسْ

الكاهن[1]:

"الشعراء يتبعهم الغاوون"

ألا تراهم في كلِ وادٍ يهيمون؟

يقولون ما لا يفعلون

وأكثرهم للحق كارهون

يرطنونَ في كلِ ناد

يبكون حظَّهم العاثر بجنون

الشاعر:

أتدري أن أعظم البكاءِ صمتٌ

لا تحضره النّداباتُ والنائحون

إن مَن يمت ويدري ما الممات

لا يستحق البكاء من النمَّامين

---

[1] الكاهن: كل رجل دين في الديانات المعروفة.

ربما هذا ما قالته الشرائعُ والدين
وأتلفه من الناسِ المتفوقون المجانينْ

الكاهن:

لا تكن فلسفتك في أخيك الإنسان
كفلسفتك في رُكبِ الحيوانْ

الشاعر:

سواحٌ لستُ بسائح
أتبصَّرُ شارد اللّبِ ليس مخبول
أثبُ وثبة الذئبِ حين
يُجاري البراري والفصول
لستُ فيلسوفاً بل أُرَوِّضُ ذهنياً
وكذلك الخيالة بالخيول
والخيلُ تسطو سطوتها
إن كان على متنها أبناءُ الأصول

الكاهن:

ان من البيان لسحراً

وإن من الشعرِ لحكمة

ونحنُ ليس لنا مِن الشعراء

سوى التشكيك بنواياهم والمظنَّة

الشاعر:

إنَّنا الشُعراءُ في بكائِنا نكهة الغناء

وفي غنائِنا كأننا في عزاء

نقولُ للحُبِ أطرِبْنا وخذ ما تشاء

لا يُفرِحُ الأعمى بزوغُ الضياء

فإذا غابَ النهارُ أشرق المساءُ

قمره كالحادي بضياعِ الشُعراء

لا تعطني شيئاً وخذ ما تشاء

أنت أعمى قبل هبوطِ المساءُ

الكاهن:

بلى.. لا ضير للأعمى

إن هبط المساء

أيها النّرجسي..
ولا يُفرحُ الصباحُ التعساء
وإن قاد أقدامهم إلى رجاء

الشاعر:

ألا إلى حيث الهوى تسري
الرِجلُ تمشي إلى هواها
مَن علَّمَها؟ مَن أترعها محبة؟
هل استحال الفؤادُ مثواها!

الكاهن:

أعابرُ سبيلٍ أضَلَّه الهوى
أم فيلسوفٌ في خلوة

الشاعر:

تستهزئ بي بالحياةِ كُن كالأرض
إذا كرهتْ امرئ رفَسَته عنها
ورَدَّته إليها مِن جديد...

طيبةٌ فبعد زَخّات نيسان

يفوحُ أريجُها ولادةً وتعميداً

الكاهن:

دبَّ الفسادُ في عقلِ أمتي

واثقاً يجري برجلين مِن حديد

فإذا فرسان الأخلاقِ رفَسُوه

انقض واثباً كالذئبِ مِن جديد

له عشراتُ الوجوهِ والأفنان

لكل مناسبة قناعها الفريد

الشاعر:

أن ألعَن شهوة.. يا شيخنا

تلك التي لا تشتهي النساء

الكاهن:

لا تطلب من النساءِ يوماً

أن يصلنْ حدَّ الكمال

فأحلى شهوات المرأة لديها

تلك التي تسرفُ بالخيال

الشـاعر:

يا له...! شوقك إلى النساءِ يا له!

صَخبُ الخريفِ على أوراقٍ اصفراره

وغضبُ المغربِ على نهارٍ يولي

إذ يضخه بليلٍ ظلامُهُ مدراراً

الكاهن:

لو انجرفتُ إلى شوقهنَّ لخضتُ

في معتركِ اللهو والفجور

الشـاعر:

بلى مثلما تَسكبُ الغيومُ

بليلنا دمعها المحموم

شوقك إليهن في تلامع

زاهٍ في عينيك كالنجوم

الكاهن:

ليس كما تغرد طيورُ الظلامِ

بفرحها ألحاناً.. أيما ألحانَ سمومِ

الشاعر:

يا أيّها التماسيحُ يا بعض الإنسان

عينا التّمساح على الأقل تدمعان

الكاهن:

أنا لا ألومك على مهاجمتي

أبداً.. بل أراك ثقلتْ هُمومك

الشاعر:

أنا مِن نفسي لسانُ حالها

تبوحُ بما تشتهي وتنكرُ ما تكره

وأنا مِن نفسي بخورُ سريرتها

يطيرُ أبداً مِن معدنٍ أصيلْ

وما.. وما أقول.. وما.. و

الكاهن:

يا أيها الشاعرُ المسكين

لا أقول يا متمثلاً بصورةِ شيطانٍ حكيمْ

يمكرُ ويراوغُ مِن أجلِ عقيدته

ولا يثلج صدري أبداً باليقين

وما.. وما أقول.. وما.. و

الشاعر:

نعم.. اِغفرليَّ فأنا مسكين

مثلما الكبرياءُ في العَرينْ

الكاهن:

المسكينُ عِندنا مَن ليس له أهل

مَن ليس له مالٌ وعَشِيرٌ وولد

الشاعر:

أيّها الناسُ مِن حَولي افقهوا

إن رحلتِ الروحُ فالجسم فَطَيس

أنكم تروني الآن أمشي بينكم

جميلُ الجسمِ من غير تقديس

أما روحي ففي السماءِ طائرة

تداعبُ النور والملائكة والنّواميس

دَربها كدربِ الماء أخضرٌ

تزرعُ الطّيّب فرحة مثل عَريسْ

أما جسمي فانهشوا فيه ما تنهشوا

أو اهرسوا فيه أي تهريس

الكاهن:

هذه ليست مِن صفاتِ الشعراء

الذين يمشون بين الناسِ كالوباءْ

الشّاعر:

أنا أحملُ محبة لا تكره الأحياء

وأنظرُ أملا يحدقُ في البؤساء

الكاهن:

يا ربّ أني أكادُ أختنق

ما أصعب الحياة مع السّفهاء

الشاعر:

يا أيّها السّوائمُ الحرون هل
منكن مَن يعرني صفوناً؟
لأنصت على ما تبث العواصف
وأعرفَ أي غالٍ تبكِ الغيوم!

الكاهن:

الأَوَلَى أن تعرف متى تغض
الطرف.. ولأي حدثٍ تفتحُ الجفون!

الشاعر:

ليس ثمة شيءٌ أولى مِن غيره
كلُ شيء في وقتهِ أحلى

الكاهن:

أتستهزئ بي يا إمام الجاحدين؟
أم أنك تستهزئ بالناسِ والدّين؟

الشاعر:

النورُ سلامٌ قليلاً ما يؤنسني فلا

هجوع لمَن صاحبه وصاحبني

الليلُ مقيمٌ فأنَّى يفارقني؟

والنّومُ لا يعود فكيف يودعني؟

الغريبُ قريبٌ أن رافقني

والصّديق صديق أن فارقني

الكاهن:

أنا لا أفهمُ كل ما تقول ولقد

خمنتُ اهتمامك بروحِ الطُلُول

لذا فالموت شفاء مِن شقاء

يمدك دوماً بالظنونِ والجنون

الشّاعر:

مرحبا أيّها الموتُ

كنا قد تصَاحبنا أنا وأنت

أياماً طِوالاً والليالي مرّتْ

وما غابَ جحيمُك مِن ناري

الكاهن وهو يمشي بعيداً عن الشاعر:

الغوث.. الغوث..

شاعرٌ ملعون

مجنونٌ.. ملحدٌ.. فاجر..

لا يسمع ويتدبر كلام عاقل..

الشاعر وقد بقي وحده:

هل أنسى

أنغام سواقي الليل

تتهادى بين أحلامٍ لم ترها عيونه

وعبق تفاح

أحلَّ الحُبُ بقوانينه

التي ليست بقوانين

قطَفَها من الخدودِ الحُمر

حينها سأستمع إلى صوتٍ

يشبه صوتي

وأنا نائم

مَرَايا

لا أرى وجهي في

المِرآة

قد كنتُ عَتيداً فيها

يوم كنتُ بلا وَجه

يطوفُ في مَرايا

الوجُوه

كان الخجلُ وجهاً

وللحياة وجوهٌ غير

ما نعرفْ..

عِندما كُنا صغاراً

ابتسم الكِبارُ

في وجُوه مرايانا

فكانتْ تلك المَرايا

لوجُوهنا قِنديلاً

كانتْ للحياةِ وجُوهٌ

تنَبض في مَرايا

الماء.. كانتْ

شُعلةٌ في صدرِ

أمّي

تشق الحَجَر

الصّوّان..

ملامحي

عَلاماتٌ في مَرايا

الوجُوه

وللمَرايا ما تعمّقه

مِن الجروح

لمَن ينظر

مِن خِلال

المرايا

خَلف مَرايا

الوجُوه..

2005

عالمُ الزهاد

في عالم الزهادِ شيءٌ

لا يرد..

نفسٌ وخيالٌ في القرب

والبعد

تعدّد العالمُ الذي احتواه كل

نجد

دع الجَبِينَ الوضّاء يدس

أنفه

في حكمة الآتي..

يتفصد

يخرجُ من رمادِ تجاربه

ناراً

بصيصاً لمَن لم يعيشوها

ونقاطاً تتجمع في العيون

البنية..

في ملامح الوجوهِ
وفي الذاكرة عِطر سيسبان
وأثل..
لم يعُد كما كان يتردّد على
دهاليز الأحلام
يصطادُ أياماً ولدتْ في خيال
الأمس..
إنه عالمَنُا الذي
احتويناه
بعد أن احتوانا فأفسد..
خيالاته تعدّد عطاياه التي لا تُعد..
فلا حَسد في شيء لا يرد..
لم يكن في كؤوس
الندى
ولا ثمة سَحر..
النجمُ
تاه في الضياء
ولا ظلامَ للقمر
لو استطعمت ما في
الكأس

لبقيت في القَعْر

تشربُ الماء الزلال

شفقٌ مبتلٌّ مِن قُبَل

الأصيلْ

يلمعُ في خيوطِ

الفجر

في وادٍ سحيق

مرآته

تعكسُ عيون الذئابِ

المتلامعة..

ويبكي إذ تخيّم المغاربُ

مستأنسة معه بالوحدة..

يبكي.. ففي عالم

الزهد شيء

لا يردْ

2005

حُلمُ الحُب

إن الحُبَّ

يحلمُ أن تحتوينا

قافِلته

أن تكوني أنتِ

فتاته

وأكونُ فتاه..

أن يَطير بجناحينا

إلى جُزُرِهِ

وأن نتعاهد بالأيدي

على زرَعِ القَرَنفُل

في دَربِهِ

وبدمِنا نصونه..

يحلمُ

أن نكون في

قفصِهِ

ونمدّ جناحاً
للسماء..
ونحلمُ
كيف يتخثّر في
دمائنا
يبني هياكل
النّسيان..
الحبُ يحلُمُ
أن الغَيمة التي تمطر
الفُقراء
تطير بجناح
قلبكِ
لمّا يلقي الوَردَ
والطفولة..
يحلمُ
أن الله فينا
عُنقود عِنب
وأنتِ فيه نجمةٌ
عالية

تشرين الأول 2001

عِندما كُنا صِغاراً

عِندما كُنا صِغاراً

كانت لنا قلوبٌ كِبار

كانتْ تصغر..

تصغر..

كلما كُنا نَكبر..

عِندما كنّا صِغاراً

طارت بنا الرّيحُ مرّة

التوَت بنا الأعاصيرُ

تهامسنا

إننا على جَناح الغَمام

نخيّم

نضرب أوتاداً مِن أثير

ونمدّ حبالاً للخيال

عواطفنا تلمّ عناقيداً

من مطر..

أصدافٌ نحن تفتحت

رؤى

ليس إلى قراءتِها كفٌ

تصل

إذ هي لم تكتب بحروفٍ يعرفها

مَن يقرأ ويكتب..

رؤى

تصطاد أواخر ليلٍ

ونجومَ أحلامٍ شاردة..

ثمة شيء في الخفاء

لا لسوانا

ينشدُ برجع وترديد

حتى كبرنا

لمَّا كبرنا

صَغرت قلوبُنا

والطرَدُ قانون حياة عكر

ناقوس أناملِ الزّحف

المخاتل..

عِندما كنا صِغاراً

نمنا سَواسِية كأسنان

المِشـطِ
وتفرقنا
رأينا السنين تتساقط
في أسناننا اللبنية..
ساعاتٌ حلوة مرّت
دقَّت بلا زمنٍ وثوانِ
بلا أبجدية..
غنّى البلبلُ في لسانِ الرّبيع عنا
ومشتْ طيورُ حَمامٍ ويمام
تتبع همساً خافقاً
لنبوةٍ منسية..
غنّى بلثغة العيد صبيٌّ
صبية
كبُرنا.. عندما كبُرنا
صَغرت قلوبنا
وتفجر ناقوسٌ بربري
في جباهنا بدل زهرة نرْجِس
بريَّة..
الثباتُ
في الزّمن الذي يغيّر

ليس إثباتاً للزمنِ المتغيّر

يجذبنا

يَعبُر.. نكبُر.. نكبُر..

لتَصغُرَ القلوب

تغيّب السنين في الملامح

المُنكسرة..

نهاية 2009

الغيمة التي تبكي

البِحارُ بكلِ عُمقها

بكلِ مساحاتِها الشّاسعة

هل تستطيع إيقاف دموع

غَيمة تبكي..

أم هي التي تزودها بمنابع

الدّموع؟

لكن البِحار

تستطيع أن تحتضن بلهفةٍ

عاشقٍ شَبقٍ

كل قطراتِ السّماء

كنوعٍ مِن تبكيت

الضّمير

لإطفاء

ملوحة النّزق

والصّخب

الذي تثيره التياراتُ
المستترة في أعماق
الأعماق..

2012

لا بد من القصيدة

سأكتبُ القصيدة

سأخلقُ مِنها عروساً أنيقة

وأنا أعلمُ أن دَمَها

سيَضيع ساعَة تُنشر في الجَريدة

وسوف تُذبح وتُحرَقُ الضّفيرَةُ

وترمَد عيونها الكحِيلةُ

بين شُعاعِ القمر

ووَردة الجرح العَليلة

تُراودني وأنا المُنكسر

عِنْد رِمشِ الطّفولة

وسِحر القوَام والعيون النبيلة

لكن فِداء القصيدةِ قصيدة

وعَروساً جميلة وأحلاماً بعيدة..

أحلام أخرى لم تلد

مازالتْ تَبرقُ في دربِ

دليلها..

سأكتبُ القصيدة

سأخطُ دمي بين أناملِ الحبيبة

والحَرفِ والجَريدة

سأرسمُ عروساً

تسافر في ذاكرتي

كطيرٍ مهاجر

لا يغادر

فضاءه

2005

صحوة

كأن يداً غامضة

أيقظتني

مِن المَوت

مغموراً بحلمٍ بعيد

على أطرافِ النّسيم

زاهداً

بماء الحَياة

وجنةٍ تلفُّ الحُدود

المُشتهاة..

كنتُ أنوي أن أسْوَي

انفِعالاتي

بالهدوءِ النّازف

على الأنهارِ

الهَادرة.

أن أغمز للريح

كي تنشرَ أشرِعتي
على أجنحةِ الطيور
البطيئة.. العالية..
ها هي المأساةُ
ترقص
زورباً يونانياً على
أكتافي
وسندبادٌ
يُبحر في خَيالي

2006

زهد

شيءٌ مألوف ألَّا أظهَر في غِياب
الرّوح بالاستِغرَاق
أنا حاضرٌ بالغِيابِ
وفي الحضُورِ ازدَهر..
وكثير ما تزهر نفوسي الكثيرة
في وجوه ذات طلعاتٍ بهية..
وثمة شيء يثورُ ضِدّي في
ضَدّك
لما نوغل في نُخاع الوضوح..
عِندما يفرقنا البعدُ المُختار
لا يبقى لنا غير تعبير
الإشارة
التي لا ترفع عن صِغار العُشب
الحِجارة..
يا حاضِر الحَضِرَة.. أراك

ولا أبصرك

وإنها لنوع عِبادة أن أقطَفك

بالوجدِ..

هو شيءٌ أكبرُ مِن طاقتي

وأخْلدَ الخُلد

أقل مِن طاقةِ الغر..

صَمتُ الحياةِ مُرّ

وكنوزٌ لا ترى إلّا في الظّلِ

لا تنبت شموسٌ

والبَدرُ بَدْر

وما بَينَ بَين

يسكرُ المرءُ بلا خَمر ودن..

لَمن ندخر غير المتيقنين منه

وليس شيءٌ يساوي قيمة بيعه

وامتِلاكه

غَير أدمع العَين المُستَّرة

في الحشاشة..

قلبُ الثلج يأكلُ نفسه

ويا أعزّ الطّعنتين.. ترفقَي

بصيصُ نارٍ في ثلجِ أحلامي

إن حَسبتموني مِن غَير عالمِهم

فمُهجتي مُرهفة كلسعةٍ نحلة..

طهارتها دُموع وَحدتي

ففي ذُرى كِبريائي

ينامُ خيالٌ مفتحة عُيونه

والآذان

2005

أنا الهدوء المتموج

سيدتي..
أنا الهدوءُ سيدتي
بلا سكونٍ وعفن
أنا مَن يُجاري البراري
بلا فلسفة
ويركبُ الفضاء بخيولِ
الخيال
ليلقاكِ بلا رتوشٍ
وبلا انتظار
عند نبع القمر..
لكن انتظريني هُناك
عند نبعِ عدن
ريثما تلمسُ دارُ الطفولة
قمرنا القريب..
البعيد

بأصابعِ أرواحنا في القرية
السحيقة
آه سيدتي!
آه كم أنا هادئ
وتحت.. في عمقِ أعماقي
تيارات البحرِ تتمرد..

جحود

بسمةُ الله الثّمينة

على ثغرِ ربيعٍ منتشٍ

مثل طفل يلعبُ بجديلة

رزانةُ البسمةِ الدّفينة

كفانِ مِن قمحٍ وذهبْ..

وجهٌ رُسمت عليه ملامح

عيدين وعناقيد كرومٍ في

جبينه..

المساجدُ يُغني فيّها

الفراغُ

ولا صلاة إذ الخشوع

لمْ يَعْد سكوناً للإقامة

وقال رجلٌ جاء

مِن أقصى المدينة:

عندما تصبحُ الأرضُ خضراءُ

تنتشي السماءُ بحنتها الزرقاء
ولمّا يكون الضّميرُ غَير الله
تتعلق القلوبُ بالسفائف
قلنا جميعاً:
لمْ نسمع بَعْد بكلماتٍ قالها
أحدٌ غير الإمامِ هي جديدةٌ
تحمل معنى النّزوح في الأحلام
وهي كامنةٌ فينا مثل النّارِ
في الحَجرْ

2008

مِحراب

في حَضرةِ مَن أهوى

استحال الشـوقُ إلى وجهٍ

إلى عينينِ نابضتين

إلى روحٍ في القدمينِ

تلفُ خيوط الشّركِ

وتعبث بأقدارِ إرادتين

تزفُ الحُبَّ في يدين

في بسمتين..

جنتانِ على قارعةِ العِشق

تتحدانِ للحظتين

وراء الطريق والكلام

ما بَعد مكان الخطوتين

إلى الفضاءِ الأوسع

في معنى المعنيَّين..

عشقي نفسٌ تتحول

لأسمى درجاتِ
النّفْسِين

2002

الفِطنة

فتح عيني على أمورٍ
كثيرة
نَعَم..
مِن شِدةِ فتحها
أعماني
ونقلني إذ كنتُ
أترَجّل
وجعل الفلسَفَة الحمقاء
حِصاني
كيف أنجو؟
أنا..
ومِن عادتي إذا رأيتُ
أمراً
نطقَ وعجّ لِساني..
وحِصانُ الفلسفةِ

الأبلد

مِثل جلِد لبسه حِماري

لا يقدر على حمل

ما أعَاني

فيظلّ يتخبطُ في

مَتاهاتٍ

وكم غاصت أقدامُه

بأوَحالٍ

وأطيان

1996

رحلة بحرية

عِندما نكون في البحرِ

السّماءُ أجمل

والدنيا مِرآةٌ عميقةٌ تعكس

الأسرَار..

عِندما نكون في البحرِ

فعيونكِ زرقاء

وقلبي مَوجة خَضراء

والشراعُ متاهة حلمٍ

يخفقُ ما بين الأفقِ

والماء..

عِندما نكون في البحرِ

سيدتي..

أنت رُباني

وأنتِ سيدة الأنواءِ..

عِندما نكون في البحر

تشتعلُ فينا دروبُ البَرّ

ويرقصُ طيف الذكريات

قصيدة زرقاء

تُحلق عالياً.. عالياً

فوق أطيافِ النّوارس

البيضاء..

عِندما نكون في البحر

في الليلِ نحتار

مِن فوقنا أم مِن تحتنا

نقطفُ الثِمار

نقطفُ النجوم والأسرار

نحتار

بكأسِ الحُبِّ التي تترع أكثر

في صحةِ السّكون

ترفع راية عَطش

الفِكر..

عِندما نكون في البَحر

القمرُ

يهبط قُبة الأعماقِ

ينام

ناسجاً مَوج دِثارِه

مرتجفاً يقول:

لأني أعشق الأعماق

اتخذتُ السّماء داراً

ولكوني أهوى الضّياء

أطلع في الليلِ المِدْرار

أغنيةُ تيه الأزمانِ

لا تُملُّ بالتكرار

2001

روتين الحياة اليومية

تشابهتْ أيامي فاليوم كالأمسِ كالغدِ المرتقب

وأنا في خِضَم الحُبِ أعالجُ فلا أعالج العَطب

لا شيء ينفُثُ في روحي عبِق أحلام الصبّ

أوصدُ مِن دُوني باباً وأسدُ مِن ورائي دَرب

إلّا فضاء السّماواتِ ذاك فضاء رَحب

قد يَغبر أحياناً إذا تعكّر للأرضِ قلب

ولعله يَغبر أحياناً إن نادتْ الغوث يا رب

ضاقت عليّ السّبلُ فلا بصيص ولا فجّ

حتى السّماء تبكي.. حتى الكواكب تحتج

مع أنها تلعبُ كيفما شاءتْ بكلِ نهج

وترتاح دواليك بنظامِها البسيط المعقد

فلا أحسد إلّا إبليس المُنفِلت غَير المقيد

نهاية 1994

يا نفسي

حِين غَنَّت نفسي بفِعل
نشوتها
عَشِقتُها لأنها عَشقتكِ
فأفحمتكِ عِشقاً
وأسكرتكِ طرباً

يا ذِكريات هي ذاكرتي
أأنساها؟ ومِن حقها
ألّا تشرد عن الضِّياء..
مُدمنةٌ لا تحب العقاقير
ونديمها بالي
عندما تتلو نُصْب عيني أيامنا
الخوالي
كأنها بَهلوان يشدّ الأبصار إليه
وهو يُداعبُ حبلاً لا يفصل

إلّا قَيد شَعرَة بين حياتنا الأولى
والثانية..

آه.. لو كُنتُ رساماً لأعطيتكِ جناح
حَمامة
الحَمامُ أنتِ أكثرُ وداعة منه
في أبراجكِ ياما هَدل الحَمامُ لطف
الصّباح..

اليوم نحنُ صِغارٌ بقلوبنا
الفرِحة مثل عَريس
كان ياما يعانق روح حبيبته
وفي الليالي المُقمِرات يراها
عَروس بَحرٍ.. أميرة مزهوّة
بأميرها

بين أترابِها العَذارى
أجملُ الطواويس يُهديها ألوان
أُبّهتهِ واختياله
واليمامُ يَطير مِن بين يديها

55

جواهراً..
أغانيها السّاحرات سِحراً
لا تبدّلها الحقائقُ
المُرّة

1994

قلبُ الشِعر

لا أقولُ الشِعر لتقرئيه

فالشِعر وجداني

وإنكِ يوماً ستقرئيه

لا أنشد القصيد لتكتميه

تشربه عيناكِ زَمان تيه

سافري فيه مثل أغاني

الغَجَر..

كان حُبكِ حلماً

والصحو منه كذلك

لم نصَح منه بَعْد..

مُزنةُ حُب بللّتنا

سَيفُ برقها خاطِف

توجتنا:

أطفالُ أقمارٍ

زرعتنا شُموسَ كلمات

لكن الرّيح..
الرّيح إن مرّت
ذكرتنا
رَبيع فراشاتٍ ذبلتْ
زهوره

1998

رثاء

أحبكِ

وأنتظر حُبكِ كأنه

وكأنكِ لمْ تولدي

كأنه لمْ يولد شعاعٌ سرمدي

يشقّ صدري

يُرجع ضِياءً غَجَرياً في

قاطراتِ الفَضاء

المُضاع..

عَنيدٌ حُب الحقيقة كالقدر

لأعاني في سُباتِ الكائنات

صَحواً

يقهرُ الصَحو ويسمو

يمحو آياتٍ بينات كانت رمز

أنانا

وكل أريج خُطف في فجرِ

الليالي..
سيدتي
لماذا اخترتِ صَباحَ العيد
مِن بين أيامي التّعيسة!
بعيداً عن موتنا المعتاد
بلا ضجة وعويلْ..
كنَسمة تُسافرين
لتأتين مِن طرفِ زَهرة
رائقة صاعِقة
تلصقُ بالجباهِ
والأفئِدة..
لا أملك في وطني سِوى
غُربة
ولا في الغُربةِ
أناملي
ممدّدٌ في الفضاءِ
بلا كفن
سائرٌ في معراجِ الأحياءِ
بموتي
أداوي النّسيم الغربي

بالشمّ

وأهوّل مِن شِدةِ التّعب

أي تعب لا يجرفني إلى

الغَرَق

في بَحرٍ بلا موج

هادئ..

2005

نسج الخيال

الآن عرفتُ يا حبيبتي

أنكِ كنتِ نَسج خيالي

هذا الزائفُ المشلولُ فيكِ

أبداً يزيدُ جوهركِ عُمقاً وآصالا

حتى صوَّركِ وعَظّمكِ وكمّلكِ

وصيَّركِ لا تستحقكِ أوصالي

ودارت بنا السنون وعصرتنا الليالي

وما حَصَدتُ لمَّا زرعتُ فيكِ أمالاً

ما يزال القلبُ أخضراً بهواه

تلعب به كُرة أطفالِ خيالي

لذلك عرفتُ أنَّكِ كنتِ

وما تزالين يا حبيبتي

نسج خيالي

1992

عراق 2007

يا عراق

حزني عليك حُزن ثكالى

مرّوا عبر القناطر

وسلكوا المُنحدرات الوعرة

عرّجوا شمالاً

ويميناً تحت المطر والدّموع

راحوا في لهفةِ الوَجد

وضَيعة البُعد

يفكون سرّ الفقدِ

وينشدون قوافلاً وأرتالاً..

يسيرون بلا خرائط

يمشون على قلوبهم

يدوسون أنفة الوجعِ الناهض

يلعبون بالنّرْدِ على أماناتِ الوطن

المُحصَنة

يغامرون بالحدودِ وتاريخ

الجدودِ التليد..

بكل ما يمسّ شَغاف شَفرةٍ

متجردة

لملموا أوطانَهم في طواحينِ الهواءِ

العابرة.. سادِرين

والليلُ البَهيمُ يجمع في خشوع

السّكونِ العندليب والبُوم

نفثوا:

سلامٌ على بديهياتِ السلام

وعلى أرائكِ التُراب المُفلطحة

على عَباءاتِ الغيوم النّزقة..

فراسخُهم المتدافعة أمامهم ووراءهم

أسراباً مِن طيورِ القطا المُتعطّشة في أزمنةِ

الغُبار

هم وأزمنةُ الغُبارِ فرسا رهان

والراحلُ العتيد مِن هذا الكهف حَجَر

صَوّان

وعبر الحُبِ المتجدّدِ نصطادُ الحزنَ

في ملامحِ المالك الحزين..

الطائرُ الذي هجَرَ أفقنا

يصطادُ صقورَ أفكارِهِ

بعيداً..

لقد ملأتْ آفاقَنا الغربانُ

تنقر حِنطة البَسمة مِن ثغرِ طفل

وثغرِ شهيدٍ.. يحلمُ.. يحلم..

ما تزال أفواهُ الجروحِ تقضمُ نكهة

النعناعِ نشيداً ودعاء

تكسر أجنحة البَشارةِ بغدٍ ربّما

يعانق البساتين والجنان..

في زمهريرِ الصَحو ليس ثمة

نائم سوى مَن في المزابل

وعلى حوافِ الخُزعبلات حيث يتراشق

كل مُعمّمٍ وخامل وجاهل

وحتماً لا غَمام في المناجل..

والكِلابُ تسرحُ مع غيرها بالجماجم

كأنها الرّعاةُ غير أنها في تزاحم

وكلنا نبذرُ الخَنافس

والجراد في المضايفِ

والدّواوينْ..

كلٌ آتٍ يا عوانس

الأحلام

لا بد مِن تعليق التّمائم

في عُنقِ الأمسِ ونثر الرّماد في

بِحارِ الاحتباس

لئلا تنثرُ الأرضُ نحو السماء

مطراً أسوداً

فقاقيعه على شكلِ

دمامل

2007

مَجهول

أيّها المَجهولُ

يا رفيقي

أنا وأنت نسير

إلى حيث أعثرُ يوماً

وتبقى أنت في الهَجير

تأخذ آخرين كأخذي

حَظّهم مِن الحياة قليل..

أيّها المجهولُ أفقْ

إنه الدّرب العَسير

سينفجر العالمُ يوماً

وترفعُ راية النذير

فيكون للمجهولِ يومٌ

يصبح معلوم المصير..

هذا الطنينُ ذبابٌ حول عَسَل

النابهين

وأنت مثلي كتابٌ في طيهِ

سرّ كمين

سينشر للعالم ليرى نارا

تُحاك في عرينْ[2]

____

[2] نشرت في جريدة الفيصل العدد 66 في 2005/3/15.

الظل

مع ظلي.. أتبعه

بحثاً عن آخر لم تكشفه

شمسٌ

والعيونُ

طوفانُ شتاء

في ليلِ النّوى

ألفُّ بعباءتهِ موقدي

لكن.. الخريف بأوراقهِ

الصُفر

يرسمني عارٍ مِن كل

عَار

مِن كلِ صوت

وانهار..

الليلُ

شجرٌ بلا اخضرار

يولد جباراً..
أأسافر؟
في ذاتي يكمُن النّزوح
كالنار في الحَجر..
مع ظلّي
إلى حيث يريد..
هو ظلّي
مُموّهاً خطوتي في ظل
الرّيح
وفي ظلِ القمر
قلتُ سأقتله
بتَجرّدي
وكان قد جذبني وتقلدني
سيفاً
وتَجرّد
قاتل بي نفسي وأعداءه
عُودٌ غنّى بلا وتر
في مكانِ الإرادة..
نفسي ترقُصُ لمخلوقات
لم تخلق بَعد

بقيتْ في خَيالِ الله

بلا ظل..

مُتعبٌ مِن ركضي وراء

ظلّي

بشراهةٍ

كالسماءِ التي قلدتني بالنجوم

والقمرْ..

مع ظلّي أتبعه بحثاً

عن آخر جديد

كي أسافر معه في العِيد

نتيهُ في أعماقِ الطرق

نقلبُ حَجراً أزرقاً

نصافح الأشياء وتراقصنا

الرّيح

في أغصانِ الشجرِ المُندى

ننتشل روح الحُلم

في خضَمِّ الضّباب

نسيرُ مِن ضَياعٍ غارق

في الغَبش

إلى أفكارٍ تلمّ عواطف

النّمشِ
نسحبُ أرواحاً عميقة
الجذور
وعالية الهُتافِ [3]

2004

المطرُ

المطرُ
كلمةٌ لا تتوقف حروفها
عن البرقِ والرّعدِ
وعن التكاثفِ في
الثلج..
المطرُ
نبضٌ حَزين
يدق موسيقى نَاضجة
لنهاياتِ أغاني البَحر
المُتصاعدة..
المطرُ
عنقودُ حِناء
في عنقِ السّماء
ينثرُ لون نشوةٍ
ممزوجة الأنواء:

ريحٌ
رذاذٌ
عطر..
المطرُ
لمّا نظر عيُون الماءِ
الخاوية
عرف أنه نسرٌ مُحلّق
فانتحَر على الرّمضاء
ليعود مِن جديد طائرُ
عنقاء..

2006

رحيل

(1)

نامي في أحضانِ الريفـ

سُنبلة فتون

نخلة مُثقلة بالثِمار

لم تلمسها يدٌ سحرية..

الشّبقُ المعجون فيكِ

يشـع مِن عينيكِ ندماً

لأنكِ لم تمارسِ نِعمة

بين حدّين..

سيدتي..

الأوجاعُ الصّاحية في غَياهب

سجونكِ لا تعريها فيفوتُ جنونٌ

باذخ.. اخمديها..

يا عُصَارة جيل

لا يقتدي به جيلكِ..
أحلامنا تساقطتْ
وأثلج الصّدرُ بحرقِ
أوراقِ شـوقٍ مُعطر..
والدخانُ
ذِكرى لأجراس تدقُ لوداع
المُضاع..
يا غابتي المخضلة بالاصفرارِ
أكلتْ نيرانُنا المُنفجرة أزمانا
ولا دخان..
ولا بنت شِفة سحبتْ ناي
الأحزانِ مِن حبلِ وريد
متوتر..
يا غابتي
نكون قد تساقطنا شَذرَ مَذرَ..
يوم يكون الصّمتُ دليل
سُكون
ولا يكون للسكونِ أي مغزى
غير أنه ركون

رحيل

(2)

رجعتْ إلى موطنِها الذي يشتاقُ إليها

وينادي فرعها مِن بين كُل فُروعهِ

أن يغيب في أصلِ الشّجر

أن يموت ليحيا

رجعتْ إلى أعماقِ البِحار

لؤلؤةُ الديارِ

نامتْ في حضنِ محارتِها

إذ لم تجد صدراً حنوناً

يحس طفولتِها الأبدية

ويعلقها نِيشان النَياشين..

رجعتْ إلى بيتِها المتواضع

بالإعلان

إلى حيث لا بَصيص أحلام

بالنونِ المترع بالنوم

1998

فيما قال الهدهد

كان الهدهدُ ناطوراً

بصمتٍ راح فوق رأس

الشاعرِ يتعرّى

كفزاعةٍ يتصاعدُ إليها الدودُ

وهو ينتفُ ريشه عابراً كلّ خَيال

قال وفي مقالهِ قشور جوهرٍ فتانْ..

وظلّ يرتلُ ترتيل الثملِ الكسلان

قلبه نايٌّ عتيقٌ وخياشيمُ تنفث هَوان

هزلاً كان في صَحوتهِ تنطوي الخِرقةُ

على كبدهِ كأوراقِ خسٍ طَري..

الليلُ صُبوة مَن لا يزدري علوم الجانِ

المُفرَغة في عُنقودِ عِنب

ألا تروي الظمآن لغير

الشّراب؟

كان الهدهدُ جَذلاناً.. قال:

إن الهوى حرامٌ على طيورنا
حلالٌ على طيورِ الظلام
وقال: ما أحلى وادينا
لكن غادرته الغِزلانُ..
وما أحلى الأصيل
لكنه طعَن خاصرة
النهارْ

2004

عيناك

ماذا تفعل بي عيناكِ؟

تصعدان بي السّماء

وتهبطان

ترقصان بي

تزعزعا أشلائي

تعطياني أسباب إخفاقاتٍ بالآتي

بما لم ألمسه باسمِ الشكِ..

عيناكِ

تأخذاني

تُثمراني

تغرياني بالدوران

بالعودة إلى نبع المعاني

لاستلال الأشعارِ من عمقِهما..

تأخذاني

إلى متاهةِ الزمان

إلى ذات ذاتي

***

هيا حطمّا صنمي العتيد

يا من ترفلان بالغنج

أخرجاني من زمهريرِ حُبٍ دفينْ

تحت رَماد رَمادي

خنق الأرواح كلها

أطاحَ بقلوبِ عشاقه

وروحي في الشرك

***

يا سيدتي

يا إكليلا ارتوى وَرد

القلوبِ وأفراح الأرضِ

وأحزان البشرِ

لقد هدّني الهوسُ

وأمات فيّ أحلامَ المُحبين

قُصَارى أن أركض وراء

عِطركِ

أتشمّم أخبارك

2000

المحتفى

سِرُّ الأسرارِ الذي لا أبوحُ به

أملُ الآمالِ في قلبي دفين

وذِكرى حلوة تفوح كالربيع

مثل أيامهِ بديعة الصور

عانقها خَيالي عِناق الأبد

وحضنها قلبي حضن خفاء

تشعُّ من عيني شُعاعاً سرمدياً

فيفضُ من روحي حنينُ الإبل

1994

الحربُ و الربيع

عِندما جاء الربيعُ بكينا

لان الحَرب جاءتْ معه

ولما غادر الرّبيعُ بكينا أكثر

لأنه ترك الحَربَ وراءه

في الربيعِ تجيء الحُروب

وا أسفاه.. يا وَردَة نيسان

رَحيقكِ رفُات إنسانِ

لا يقول إلّا شراً

لا يسكت إلّا عن ظن..

الطائراتُ طيورُ جهنم المّمسوخة

تحومُ

تبني أعشاشها بين النّجوم

تفرّخ طائراتٍ أخرى

تقتنصُ الإنسان وتزرع

عِظامه بين الغَمامِ قطرة..

قطرةٌ..
وترجع الأرواحُ في الأثير
هكذا.. هكذا هي زراعةُ السّماءِ
الحَرام
لتغدو سماءنا دُخاناً محمُوماً
والمطرُ الأسود
تنمو بمائهِ أشجارُ زقوم

***

الربيعُ والحَربُ يقتتلان
بسلاحين مختلفين
كل آية تعبّر عن نفسها
بلا تُرجمان
ففي صَفحةِ الغيبِ للربيع
مدخلان
في نفسِ الإنسان
وإذا اهتزت ورَبَت قيعان
لعل نصيباً للحالمين يكون
يا شمس العراقِ لا يخنقكِ الدخانُ
فثمة شمسٌ في قلبِ الرؤى خالطتْ

منذ الأزل أشعتكِ

2003

بعد الاحتلال الأمريكي للعراق بأيام

سرّ

هناك

سرّ في حياتي

لا أبوحُ به

حتى يلتهمه

القبرُ الكتوم

قد حفظته

مذ كنتُ

طفلاً

لا أفشيه

يا ربة الشِعرِ

النفورة

رباعيات الحُب

إن وصلتُ إلى نبعِ جمالكِ

أموتُ سيدتي شعرياً

وإن وصفتكِ بالتمام

فماذا أصِف بَعد الآن؟

***

فليتسع خَيالي إلى ما يشاء

مادام لا يبلغ جمال حبيبتي

فعمرُ العاشقين قصيرٌ.. قصير

وطويلٌ عُمر الحُبِ المرفرف في الأثير

***

قصتنا على أفواهِ الناسِ ستدور

وقوسُ قزحنا صليب عذري

يزرع البسمات في دمي

تلك التي نسيتِها وما تزالُ وردية

***

كم رسمتكِ كلماتُ شعري

فكنتِ عذبة طافحة الإشراقِ ندية

لكن صورتكِ الأعمق في روحي

لا تصل إليها كلماتُنا المحنطة الشرقية[1]

2001

―――――――――――――

[1] نشرت بجريدة (العراق غداً) العدد 159 في 11/ 1 / 2006.

لعل الغابَ يحلمُ

أن نحلم بين أشجارِه ونلعب في ظلالهِ

وأن نعود ثانيةً نلملمُ أغصان الأشجارِ المتناثرة

نشعلُ لهيب الشوقِ بيننا

أن نسكن منابع العيونِ لنشرب ماء الحُبِ الصافي

ولتقيدنا مرايا المساء بجدائلِ النجومِ الملتفة

تلك التي نرى فيها معاني أثيرية وسحرية..

الحبُ الذي اعترضنا يوما فأحطناهُ كالسوار

ليرسم طريقا لخطانا..

ضئيلةٌ حاجتنا إلى العِتقِ وقد أدمنا قيوده..

يا رموشها.. يا فراشتي الحائرة

يا خُطاها يا دقات قلبي الراقصة

على أنينِ الدّروبِ الموحشة نستلف لهفة العيدِ

نزفُ مِن هوى زوارقا في متاهة

إلى الأفقِ البعيدْ..

تنظرين إلى الأفقِ البعيدُ

ألا ترين عيدي بين عينيكِ

شمعة تفوحُ أملا بين يديكِ

يا عندليب بساتينِها تغريدك من وحي أشجارِ

أحلامي

لما نضجت ثِمارُها أنغامي

طافتْ تعصرُ القلب وتاهتْ رؤاي

لم تجد حقول سنبلِها الناضج إلا في ثغركِ..

أنظر إليكِ.. أتعمق في ملامحكِ

أغور في عينيكِ

أبحث عن دمي في توردِ وجنتيكِ

عن حزني في بَسمةِ شفتيكِ

وأنشغل ساحباً عُزلتي عن حاجبيكِ

وعن أيامكِ ونهر بساتينكِ المتسلسل

في يديكِ

وعن كلِ ما يخطر ببالِ النسيم

إذا مرّ على شَعركِ وتنفس هواء رئتيكِ..

2005

أيها المجنون

أيّها المجنونُ بحبِ الجنون

وأنت أحلم من صابرٍ مفتون

أنا أباري براري شطحاتك

فربّما أرى فلسفة وجودي

قُبالة دارك

2004

القمر

أيها القمرُ

حين ترى صُورتك البهيّة في الماء

مثلما يرى الماءُ صورته فيك

أيها القمرُ

وكم تقلبتَ لوعة في صفحتهِ

أم أمواجه هامت في سواقيك

أيها القمرُ

ربما كلاكما من جوهرٍ فريد

تلمعان أصلاً وأصولاً وحياة

رابعة العدوية[5]

على لسان رابعة:

إذا متُ فحنُّوني فذاك يوم عرسي

وقتئذ فرحي.. فانا أحبُ ليالي الأعراس

يوم ينفخُ البخورُ أسرار الشياطين

وتنتعشُ النفسُ بشمِها عطراً أطيب

مِن ذلك الذي لوث في عينيها المماتُ..

وما السعادةُ غير دودة تسبح

في جحيم النفسِ ربّما تموت

وقد تطيرُ فهي رمزٌ لأنينِ الضحكاتِ

المُتقهقرة أبداً في الأثير

خضِّبوا كفوفي بالحناءِ ولا تلطخوا

الجبين بغير التراب

---

[5]رابعة العدوية كانت تمارس الرقص والغناء في شبابها ثم تابت وتزهدت واعتزلت الدنيا.

فهو لا ينسى أصله وإن دار أحياناً

بأفلاكِ المعرسين.. أنا أعشقُ ليالي

الأعراسِ التي تخمدُ فيها جذوةُ فوانيسِ التجهم

والأنينْ..

أنا أعزفُ على الناي[6]

لأُري الناسَ حِكمة البهلوانِ مِن رقصهِ

على حبالِ الخيال

كنتُ أعزف لأقود جوقة الملائكة

والشياطين ولا أقاد خوفاً وتحنان..

الشياطينُ هم مَن يغروني عندما يضربون

الأرضَ بأرجلٍ مِن حديدٍ لتخرج ماء

الزهدِ من قلبِ الحياةِ لما ينثرون غبار

أقدامِهم فوق رؤوس المقيمين على حال

يا أبناء الموت.. يا أبناء القاعدة الجبارة

المبنية على الزوالِ وترادفِ الأجيال

الإلهُ العظيمُ خطها كي تنسق الحياة على البسيطة

بترادفِ الأجيالِ وفسح المجال عِندما يغمرنا

فيضانُ أو يميد بنا زلزالُ وعندما يرحل الشيوخُ

يفسحون المجال لأطفالٍ يصرخون محيّن ابتهاج

أهاليهم المُتصاعد في دخانِ الحرملِ بُركان

نشوةٍ إلى أقطابِ السموات..

***

لا تبكوا الموتى

إنه محالٌ أن يعود الدخانُ

إلى قلبِ النار

ومحالٌ ألا يثور الخيالُ على

قلبِ الحجر

وابكوا أحياناً

إذ أغلبكم لم يفقه بَعد كنه الحياة

ولأنه ليس بأيدينا

أن تنثال العواطفُ وترقص

الأحاسيسُ ونبني لها مدارس

هي حلوةٌ عند الناسِ بقدرِ

مرارتها بفمٍ امرئ ناسٍ..

كلُ الملذاتِ تقودها أمراسُ لحن

أنسي وناس

1992